牛乳

さえあれば

ふわふわホイップも
クリームチーズも。

かんたんおいしい
スイーツ55

小松友子
（Bonちゃん先生）

はじめに

　自宅で料理教室をはじめたのは今から20年前。娘が幼稚園に通いはじめたことを機に、ママ友にパン作りを教えたことがはじまりでした。幸いにも自分なりに編み出した製法が好評で、多くの方とご縁をいただくことができました。その後、パンに合うスープなどが加わり、さらに料理全般へと教室で教える内容は広がり、いつしかパン教室は料理教室に。

　しかし、順調に成長していた料理教室がコロナ禍で突然の休校——。常に何かをしていないと気が済まないタイプの私が歩みをゆるめたのは、教室のスタート以来はじめてのことだったかもしれません。

　止まっていた日々を再び大きく動かすことになったのは、「YouTubeはじめてみたら?」という娘の一言でした。当初は編集の仕方も知らず、再生回数は1桁止まり。そんなチャンネルが大きく成長する契機となったのが、牛乳ホイップクリームの動画でした。
「シフォンケーキにホイップクリームを添えたい。でも冷蔵庫には牛乳しかない。だったら牛乳をふわふわに泡立てられないかな?」
　そんな突飛な思いつきが、密かに抱き続けていたレシピ本の出版という夢を叶えてくれたのです。人生って不思議です(笑)

　牛乳を使ってお菓子を作ることにはメリットがたくさんあります。「今日のごはんは何にしよう?」と考えながら冷蔵庫にある食材で夕飯を作る感覚で、いつでも冷蔵庫にある牛乳を使って気軽にお菓子を作れること。脂肪分が気になる人も一緒に「おいしい」を共有できること。生産量の調整の難しさから廃棄問題を抱える牛乳を消費し、サステナブルな社会に貢献できること。特に牛乳廃棄の問題は、日本の酪農が直面している大きな課題でもあります。この本が、少しでも何かが変わるきっかけになるようにと願っています。

　また本書は、砂糖を減らさなくてもいい、素材の味をいかしたやさしい甘さのレシピにしています。というのも、生徒さんから「お菓子を作るときはレシピの配合よりも砂糖を控える」という声をよく聞いていたのです。実は私も同じで、レシピどおりに作るとなんだか甘すぎるという経験をよくします。しかし、お菓子作りはとても繊細で、砂糖を減らすとふくらみにくかったりきめが粗くなったりして、失敗につながることが少なくありません。その点、本書を見て作る際には、安心して分量どおりに作ってみてほしいと思います。砂糖を増やすことは問題ないので、甘さを求める時は砂糖を10〜15%くらい増やしてくださいね。

　本書を通して、牛乳の魅力とお菓子作りの楽しさが多くの人に伝わりますように!

Contents

002　はじめに

006　牛乳のこと

007　道具のこと

008　この本の使い方

082　こんな時どうする Q&A

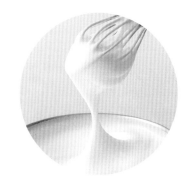

Chapter 1

牛乳ふわふわホイップ
クリーム

010　基本の牛乳ふわふわホイップクリーム

014　しっとりふわふわシフォンケーキ
　　　[プレーン／ココア]

018　ハワイアン・パンケーキ
　　　キャラメルりんご添え

020　ふんわりムース2種
　　　[トロピカル／チョコマーブル]

022　ふわふわミルクアイスバー6種
　　　[基本のプレーン／ブルーベリー／マンゴーココナツ／
　　　はちみつレモン／白くま風／キウイ]

024　りんごのビールゼリー

026　ふわふわカフェラテ

027　ふわふわ黒糖ラテ

028　ふわふわ黒ウーロンラテ

Chapter 2

牛乳しっかりホイップ
クリーム

030	基本の牛乳しっかりホイップクリーム
034	いちごのショートケーキ
038	さわやかフルーツサンド ［ミックス／ぶどう］
040	夢見心地のロールケーキ
044	2色のしっとりクレープ
046	さっくり濃厚ビスケットアイスサンド3種 ［基本のプレーン／チョコレート／ラムレーズン］
048	大人のコーヒーゼリー

Chapter 3

牛乳クリームチーズ

050	基本の牛乳クリームチーズ
054	とろけるおいしさレアチーズケーキ
056	ほめられスティックチーズケーキ
058	ふわふわしっとりスフレチーズケーキ
062	ふわふわティラミス
064	アメリカンカップケーキ5種 ［基本のプレーン／ブルーベリー／Wチョコ／ モンブラン／かぼちゃ］
068	田舎風キャロットケーキ
070	ふんわりプチブッセ5種 ［基本のプレーン／レモン／桜あんこ／ チーズ／贅沢抹茶］
074	イタリア風かたあ焼きプリン
076	なめらかチーズディップ5種 ［ハニーナッツがけ／レモンジンジャー／ 黒豆クリチ／いぶりがっこチーズ／桜えびセージ］
080	牛乳ホエー活用レシピ

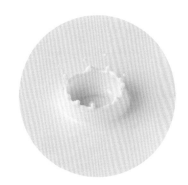

Chapter 4

牛乳そのままスイーツ

084	とろけるなめらかプリン
086	みかんのブランマンジェ
088	チョコバナナプリン
090	勝手に2層のミルクプリン ［黒ごま／あずき］
092	牛乳ソフトクリーム
094	自家製コンデンスミルク
095	ミルクキャラメルクリーム

牛乳のこと

2023年現在、牛乳と名がつくものには「牛乳」「成分調整牛乳」「低脂肪牛乳」「無脂肪牛乳」の4種類があります（「特別牛乳」を入れて5種類とする場合もあり）。いずれも原材料は生乳100％ですが、成分や殺菌方法に違いがあります。

本書では、誰もが手に入れやすく一般のスーパーやコンビニなどでも多く販売されている「牛乳／高温殺菌」を使用しています。

「牛乳」に種別される上記の4種類なら基本的に本書のレシピは作れますが、「牛乳」以外の「成分調整牛乳」、「低脂肪牛乳」、「無脂肪牛乳」を使った場合、明記している所要時間やできあがりの量、味、見た目などに違いがでることがあります。加工乳や乳飲料ではレシピどおりに作れないことが多いため注意してください。

成分による違い

牛乳	乳脂肪分3.0％以上 無脂乳固形分8.0％以上	原材料は生乳（牛などから搾ったままの乳）のみ。水やほかの材料を混ぜてはならない。
成分調整牛乳	乳脂肪分1.5％以上 無脂乳固形分8.0％以上	生乳から成分（水分、乳脂肪分、ミネラルなど）の一部を除去したもの。
低脂肪牛乳	乳脂肪分0.5％以上1.5％以下 無脂乳固形分8.0％以上	生乳から脂肪分を左記まで除去したもの。原材料は生乳100％のみ。
無脂肪牛乳	乳脂肪分0.5％未満 無脂乳固形分8.0％以上	生乳からほとんどすべての乳脂肪分を除去したもので、原材料は生乳100％のみ。

＊以下は「牛乳」の分類外

加工乳	無脂乳固形分8.0％以上	生乳や牛乳などにクリームやバター、脱脂粉乳などの乳製品を加えたもの、あるいは生乳を原料としたバターや脱脂粉乳などの乳製品を加工したもの。
乳飲料	乳固形分3.0％以上	乳固形分のみ定められており、牛乳の成分以外の原材料も使用が認められている。カルシウムや鉄分などを加えたものや、コーヒーや果汁、糖分などを加えたものも。

殺菌方法による違い

低温殺菌	・低温保持殺菌：保持式にて63～65℃で30分間加熱殺菌する ・連続式低温殺菌：連続的に65～68℃で30分間加熱殺菌する
高温殺菌	・高温保持殺菌：保持式にて75℃以上で15分以上加熱殺菌する ・高温短時間殺菌：連続的に72℃以上で15秒以上加熱殺菌する
超高温殺菌	・超高温瞬間殺菌：120～150℃で1～3秒間加熱殺菌する

（一般社団法人日本乳業協会WEBサイトより）

道具のこと

ボウル

熱伝導のよいステンレス製またはガラス製がおすすめです。ホイップクリームを泡立てる時には、牛乳が側面に当たってはね返るため、高さがあり口径が狭いものがより泡立てやすく、使いやすいです。口が広いタイプは泡立ちにくい場合があります。本書では耐久性にすぐれた18-8ステンレスのボウルとHARIOの耐熱ガラス製ボウルを使用しています。

泡立て器

ホイップ作りでは、小さいボウルに合わせたスリムタイプが使いやすいです。お菓子作りでは、ステンレス製でワイヤーが少ないシンプルタイプが使いやすいと思います。小麦粉の入った生地でも抵抗が少なく、へらで混ぜるように切り混ぜることができます。ハンドミキサーを使わず手動で卵白やクリームを泡立てたい人は、ワイヤーが多いタイプがおすすめです。

ハンドミキサー

回転速度が速くパワフルなものがおすすめです。速度調整は最低でも3段階、できれば5段階あるものがよいでしょう。本書ではKai House SELECTのターボ付を使用しています。ターボスイッチで一気にスピードアップが可能で、短時間で効率よく空気を混ぜることができます。

ザル

オールステンレス製は強度がありさびにくいため、長く使うことができます。ふちの折り返しや脚がないタイプは洗いやすく、衛生的に使うことができておすすめです。本書ではチェリーテラスのザルを使用しています。目詰まりしにくく裏ごしにも使えるため重宝しています。

へら

しなやかでこしのある低熱製シリコーン素材のゴムべらがおすすめです。へらの先がはずれないハンドル一体型のものは、継ぎ目がないため洗いやすくて衛生的。本書ではSELECT100のシリコンべら（写真上・白）などを使用しています。

ハンドブレンダー

アタッチメントが固定のものと取り換えタイプのものがあります。クリームチーズ作りだけで使用するのであればブレンダーアタッチメントがあればOK。取り換えタイプのものはアタッチメントを換えるとさまざまな用途に使えるので重宝します。本書ではバーミックスM300を使用しています。

この本の使い方

【 分量について 】

・大さじ1は15ml、小さじ1は5mlです。

【 食材について 】

ゼラチン／ふやかさないタイプのゼラチンは手間が省けて便利ですが、ふやかすタイプをふやかして使うとダマになりにくいため失敗しづらくなります。本書ではふやかすタイプのゼラチンを使用しています。ゼラチンの種類によってふやかす水が足りない場合は適量を足してください。

砂糖／「砂糖」と表記されているレシピではどのような砂糖を使用しても大丈夫です。グラニュー糖はふんわり、上白糖はしっとり仕上がるという特徴があるため、明記されているレシピではそちらを使ってください。

塩／自然塩（天然塩）を使用しています。ミネラル分を多く含み、ほんのりとした甘みもあり、まろやかな塩味が出るのでおすすめです。

バター／基本的には無塩バターを使用しています。有塩バターを使っても構いませんが、（無塩）と明記してあるレシピについては、必ず無塩バターを使ってください。

【 オーブンについて 】

リンナイガスオーブンのファンつきを使用しています。機種によって焼き時間や温度が変わる可能性があるので、焼いているお菓子の状態をみて調整してください。スフレチーズケーキなど湯せん焼きをするものについては電気オーブンを使用しています。

Chapter 1

ふわふわ
ホイップ
クリーム

とにかく「ふわっふわ」。
添えたりのせたりするのにぴったりな
ホイップクリームです。

基本の
牛乳ふわふわホイップクリーム

YouTubeチャンネル史上最大のバズりを引き起こし、
この本の原点ともなったレシピ。心満ちるまでホイップや
スイーツを食べる夢を、罪悪感なしに叶えます。
形容しがたい「ふわふわ」をご堪能あれ。

MATERIALS AND NOTES

材料（できあがり約290g）

牛乳 … 250ml
　┃ 粉ゼラチン … 5g
　┃ 水 … 大さじ1
砂糖 … 20g
バニラエッセンス … 数滴

> **Point**
>
> たっぷりの氷水の中でしっかり冷やしながら泡立てて混ぜることがポイントです。
>
> ....
>
> このホイップクリームは約15度で固まりはじめるので、15度に冷える手前で、ハンドミキサーで泡立てはじめてください。氷水の中につけたままにすると冷えてゼラチンの力で凝固してしまうので、食べる直前に泡立てましょう。
>
> ....
>
> 15度を下回って固まりはじめる少し前から断続的に混ぜることで、ホイップ状を保つことができます。

1 粉ゼラチンを水にふり入れ、10
分以上ふやかす。

2 鍋に半量の牛乳と砂糖、**1**を入れ
て中火にかけ、ゴムべらで混ぜな
がらあたためる。

3 粉ゼラチンが溶けたら火からお
ろし、残りの牛乳を加えてゴムベ
らで混ぜる。

4 **3**をボウルに移し、氷水で冷やし
ながらゴムべらでときどき混ぜる。

5 少しとろみがつきはじめたら
バニラエッセンスを加え、ハ
ンドミキサーの【高速】で泡
立てる。

6 かさが約2倍に増え、ふわふ
わのホイップ状になるまで
泡立てる。

7 ゴムべらまたは泡立て器に
替え、さらに冷やしながら好
みのかたさになるまで混ぜ
る。

しっとりふわふわシフォンケーキ
[プレーン／ココア]

極限まで高めたしっとりふわふわ感のトリコになること間違いなし。
YouTubeでも、教室の生徒さんからも「こんなにおいしく作れたのははじ
めて！」の声であふれる看板レシピです。

しっとりふわふわシフォンケーキ

［プレーン／ココア］

材料（直径17㎝のシフォン型1台分）

[プレーン]
　卵白 … L玉 4個分
　砂糖❶ … 45g
薄力粉 … 65g
卵黄 … L玉 4個分
砂糖❷ … 20g
A｜米油 … 40ml
　｜牛乳 … 35ml
　｜水 … 大さじ1

[ココア]
　卵白 … L玉 4個分
　砂糖❶ … 50g
薄力粉 … 60g
卵黄 … L玉 4個分
砂糖❷ … 20g
A｜米油 … 40ml
　｜牛乳 … 30ml
B｜ココア … 20g
　｜熱湯 … 40ml

[トッピング]
牛乳ふわふわホイップ … 適量

[プレーン・ココア共通]
・ シフォン型の筒にオーブンペーパーを巻きつけ、輪ゴムで留める a。
・ 卵は使うまで冷蔵庫で冷やしておき、直前に卵黄と卵白に分ける。
・ Aをあらかじめ混ぜあわせておく。
・ オーブンを170℃に予熱する。
[ココア味の場合]
・ Bをあわせてよく混ぜ、
　冷めたらAとあわせておく。

a

1· メレンゲを作る。卵白をボウルに入れ、まずハンドミキサーの【低速】で軽く泡立てる。砂糖❶を2回に分けて加えながら【高速】で泡立てる。モコモコとした状態になったら b【低速】でさらに1分ほど泡立てて、きめをととのえる c。

b

c

2· 別のボウルに卵黄を入れてほぐし、砂糖❷を加えて白っぽくなるまでハンドミキサーの【高速】で泡立てる d。

3· A［ココアの場合はBもあわせたもの］を少しずつ加えて混ぜる e。

4· 薄力粉をふるい入れ、泡立て器で混ぜる。

d

e

Memo

一般的なシフォンケーキは卵黄から泡立てて作りますが、このレシピでは卵白（メレンゲ）から泡立てるため、ミキサーの羽を洗う手間が省けます。

Tips 型からのはずし方

1・ しっかりと冷ましたシフォンをコップなどの上にのせる。

2・ 型を両手でしっかりと押さえて一気に下ろす。

3・ 底面の生地と型の間にパレットナイフを差し込み、型に沿わせながらゆっくりと一周させ、シフォンケーキをそっとはずす。

4・ 最後にオーブンペーパーをゆっくり引き抜く。

こちらで参考動画が見られます。

5・ **1**のメレンゲの1/3量を加え、ぐるぐると泡立て器で混ぜる。さらに残りのメレンゲの半量を加え⒡、メレンゲをつぶさないように混ぜる。泡立て器をボウルに沿って大きく回して切るような動きをくり返すと◎。

6・ **1**のボウルに**5**の生地を加え⒢、同じように大きく回しながらゴムべらで混ぜあわせる。

7・ 型に流し入れ、竹串でくるくると混ぜて大きな気泡を消す⒣。

8・ 輪ゴムをはずし、170℃のオーブンで30〜35分焼く。

9・ 焼き上がったらすぐに型ごと逆さにして冷まし、型からはずす⒤。好みのサイズにカットし、**ふわふわホイップ**を添える。

Tips

f

g

h

i

ハワイアン・パンケーキ
キャラメルりんご添え

18

びっくりするほど軽い、ふわふわホイップをのせたハワイ風パンケーキ。
たっぷりのホイップをのせて、心ゆくまで召し上がれ♪

材料（直径約10cmのもの8枚分）

薄力粉 … 100g
牛乳 … 100ml
卵 … M玉 1個
砂糖 … 20g
米油 … 大さじ1
ベーキングパウダー … 5g
塩 … ひとつまみ
[トッピング]
牛乳ふわふわホイップ … 適量
ミックスナッツ … 適宜
シナモンパウダー … 適宜
粉糖 … 適宜
[キャラメルりんご]
りんご … 1個
砂糖 … 大さじ3
バター … 大さじ1
水 … 大さじ1

Memo

キャラメルりんごは熱いとホイップが溶けてしまうので事前に冷やしておきます。

1. キャラメルりんごを事前に作って冷やしておく。

2. ボウルに卵を割り入れ、泡立て器で溶きほぐす。塩、砂糖、牛乳、米油の順に加えよく混ぜる。

3. 薄力粉とベーキングパウダーをふるい入れ、混ぜあわせる。

4. 室温で10分ほど生地をやすませる。

5. フライパンを中火にかけ、米油（分量外）を入れる。余分な油はキッチンペーパーでふき取る。

6. 5の生地を軽く混ぜ、お玉半分ほどの生地を高めの位置からフライパンに流し入れる 。

7. 弱火にして2〜3分焼き、表面が少し乾いてプツプツと小さな泡が出たら裏返す ⓑ。

8. さらに1〜2分焼き、うっすらと焼き色がついたら皿などに取る。

9. 残りの生地もそのつど混ぜながら同様に焼く。

10. 9を器に盛り、キャラメルりんごと**ふわふわホイップ**をのせ、好みでシナモンパウダーと粉糖、粗く割ったミックスナッツを飾る。

キャラメルりんごの作り方

1. りんごの皮をきれいに洗い、芯を取り除いて16等分のくし形切りにする。

2. 中火に熱したフライパンにバターを入れ、**1**を両面に焦げ目がつくまで焼き、一旦取り出す。

3. フライパンの余分な油と汚れをキッチンペーパーでふき取り、砂糖と水を入れて強めの中火にかける。たまに揺すりながら全体がキャラメル色になるまで煮詰める。

4. **2**のりんごをフライパンに戻し、全体に**3**をからめる。粗熱が取れたら冷蔵庫で冷やす。

ふんわりムース2種

［トロピカル／チョコマーブル］

余ったふわふわホイップがムースに大変身！
どちらもふんわり軽いババロアのような、
なつかしい味わいです。

材料 (2人分)

［トロピカル］

牛乳ふわふわホイップ … 100 g

トロピカルフルーツミックス
　（缶詰）… 120 g

好みのジャム
　（ここではトロピカルミックス
　ジャムを使用）… 20 g

ミントの葉 … 適量

［チョコマーブル］

牛乳ふわふわホイップ … 100 g

チョコレート … 15 g

ココアパウダー … 適量

［トロピカル］

1. グラスの底にジャム、その上に**ふわふわホイップ**をのせる。冷蔵庫で1時間ほど冷やし固める。

2. 汁けをきったトロピカルフルーツミックスをのせ、ミントの葉を飾る。

［チョコマーブル］

1. チョコレートを湯せんで溶かす。

2. **ふわふわホイップ**を大さじ2程度**1**に加えて混ぜる ⓐ。

3. 残りの**ホイップ**に**2**を入れ、マーブル状になるように軽く混ぜて ⓑ、グラスに入れる。冷蔵庫で1時間ほど冷やし固める。

4. 茶こしでココアパウダーをふる。

a

b

ふわふわミルクアイスバー 6種

[基本のプレーン／ブルーベリー／
マンゴーココナツ／はちみつレモン／
白くま風／キウイ]

> 「ふわふわホイップ」は
> 「ふわふわアイス」にもなるんです。
> 口どけがよくてヘルシーなので、
> ついもう1本！と手がのびてしまいます。

材料（80mlの型4〜7本分）

[基本のプレーン]

牛乳 … 150ml
砂糖 … 25g
　粉ゼラチン … 3g
　水 … 小さじ2
バニラエッセンス … 数滴

[ブルーベリー]

基本の材料
＋
冷凍ブルーベリー（解凍する）
　… 100g
レモン汁 … 小さじ1

[マンゴーココナツ]

基本の材料
＋
冷凍マンゴー … 100g
ココナツミルク … 60g
レモン汁 … 小さじ2

[はちみつレモン]

基本の材料
＋
はちみつ … 20g
レモン汁 … 40g
レモンの皮のすりおろし … 少々

[白くま風]

基本の材料
＋
甘納豆 … 適量
みかん（缶詰）… 適量
パイナップル
　（缶詰または生／1cm幅に切る）… 適量
いちご（冷凍または生／1cm角に切る）
　… 適量

[キウイ]

基本の材料
＋
キウイ（皮をむいて2〜3mm厚さにスライス）
　… 1〜2個

1・ P.12〜13の**ふわふわホイップ**の作り方**1〜5**の要領で、
ホイップを作る。

2・ P.13の手順**6**でかさが約2倍に増え、ふわふわのホイッ
プ状になったらアイス型に流し入れる ⓐ。ブルーベリー、
マンゴーココナツ、はちみつレモンは具材を**ホイップ**と
混ぜあわせてから流し入れる。白くま風とキウイは、先
に具材を型に置いてから**ホイップ**を流し入れる ⓑ ⓒ。

3・ 持ち手の棒をさして冷凍庫に入れ、8時間以上冷やし
固める。

Memo
甘党の人は砂糖を適宜増や
してください。

a

b

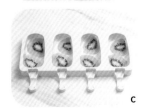
c

りんごの
ビールゼリー

一見、本物のビール？ と思ってしまいそうなゼリーです。
子どもの集まりやちょっとしたパーティーに盛り上がります♪
父の日に一緒に作っても楽しいですね。

材料（200mlのグラス2個分）

りんごジュース … 300ml
　　粉ゼラチン … 5g
　　水 … 大さじ1
レモン汁 … 小さじ1
牛乳ふわふわホイップ … 適量

1・ 粉ゼラチンを水にふり入れ、10分以上ふやかしておく。

2・ 鍋にりんごジュースの半量と**1**を入れ、中火で混ぜながらあ
たためる。ゼラチンが溶けたら火からおろし、残りのりんご
ジュースとレモン汁を加えて混ぜる。

3・ グラスの7分目まで注ぎ、冷蔵庫で3〜4時間冷やし固める。

4・ **ふわふわホイップ**をこんもりとのせる⒜。

ふわふわカフェラテ

フォームミルクの代わりにふわふわホイップをのせて、
見た目も味もいつもより特別に。
ホットでもおいしくいただけます。

材料(1人分)

牛乳 … 100ml
インスタントコーヒー (水で溶けるタイプ) … 小さじ1
水 … 50ml
牛乳ふわふわホイップ … 適量
氷 … 適量
ガムシロップ … 適宜

a

1. 水にインスタントコーヒーを入れ、混ぜて溶かす。

2. グラスに牛乳と好みでガムシロップを入れて混ぜ、
牛乳から出るくらいまで氷を入れる。

3. 氷に当てるように**1**をゆっくりと注ぐ ⓐ。

4. **ふわふわホイップ**をのせる。

Memo

氷に当てて注ぐと、氷が緩衝材となってコーヒーの勢
いを弱めるため、キレイな2層を作ることができます。

ふわふわ黒糖ラテ

黒糖の自然な甘みとふわふわホイップのやさしい味が
調和した、ひと息つきたい時にぴったりなドリンクです。
ホットでも◎。

材料 (1人分)

牛乳 … 100ml
インスタントコーヒー (水で溶けるタイプ) … 小さじ1
水 … 50ml
黒蜜 … 適量
牛乳ふわふわホイップ … 適量
氷 … 適量
黒糖 … 適量

1・ 水にインスタントコーヒーを入れ、混ぜて溶かす。

2・ グラスに氷を入れ、グラスの内側に黒蜜をつける ⓐ。

3・ 牛乳を注ぎ入れる。

4・ 氷に当てるように**1**をゆっくりと注ぐ。

5・ **ふわふわホイップ**をのせ、黒糖をふる。

ふわふわ黒ウーロンラテ

黒ウーロン茶の渋みにふわふわホイップのまろやかさ。
意外な組み合わせがクセになります。
寒い時期にはホットでどうぞ。

材料 (1人分)

牛乳 … 100ml
黒ウーロン茶の茶葉 … 6g
熱湯 … 100ml
牛乳ふわふわホイップ … 適量
氷 … 適量
ガムシロップ … 適宜

1· 耐熱容器に茶葉と湯を入れて1分ほど蒸らす。

2· グラスに牛乳と好みでガムシロップを入れて混ぜ、
　氷を牛乳から出るくらいまで 入れる。

3· 茶こしで**1**をこしながら、氷に当てるようにゆっ
　くりと注ぐ。

4· **ふわふわホイップ**をのせる。

a

Chapter 2

牛乳

しっか

ホイップ

クリーム

「しっかり」したテクスチャーで、
デコレーションにも使える
初公開ホイップレシピです。

基本の

牛乳しっかりホイップ クリーム

牛乳で作ったとは思えないコクと、
ぎゅっと濃密なクリーム感が特徴のホイップです。
しっかりとした質感で、デコレーションにも使用できます。
YouTube未公開レシピ。

濃密バージョンにはコンデンスミルクをプラス。フルーツサンドやロールケーキなどにはこちらがおススメです。より甘さとコクを求める人は、もちろんほかのレシピに使ってもOK。

MATERIALS AND NOTES

材料（できあがり約240g）

牛乳 … 200ml
　｜ 粉ゼラチン … 5g
　｜ 水 … 大さじ1
コーンスターチ … 5g
砂糖 … 18g（好みで増量可）
バニラエッセンス … 数滴
[濃密バージョン]
コンデンスミルク … 18g

Point

できあがったホイップをそのまま放置するとゼラチンが冷えて固まり、なめらかさがなくなってしまうため、使う直前に作りましょう。

デコレーション中も最低1分くらいおきに混ぜると、なめらかさをキープすることができます。

1 粉ゼラチンを水にふり入れ、10分以上ふやかす。

2 鍋に牛乳とコーンスターチ、砂糖を入れ、泡立て器で混ぜながら中火であたためる。沸騰直前に火を止める。

3 **1**を加えて混ぜながら溶かしてボウルに移し、そのまま常温になるまで放置する。

急いで温度を下げたい場合は、氷水に当てながら混ぜる。

4 常温になったらバニラエッセンスを加え、ボウルごと氷水に入れてハンドミキサーの【高速】で泡立てる。

5 かさが約2倍に増え、なめらかなホイップ状になるまで泡立てる。

6 ゴムべらに替えて、好みのかたさになるまでやさしく混ぜる。

濃密バージョンの場合、混ぜながらコンデンスミルクを加える。

いちごのショートケーキ

上白糖で作るスポンジのしっとり感と牛乳ホイップの組み合わせで、
低カロリーでも食べ応えのあるケーキを実現！
あっさりした口当たり&食感の新しい定番レシピです。

いちごのショートケーキ

材料（直径15cmの丸型1台分）

卵 … L玉 2個（正味120g）
上白糖 … 60g
薄力粉 … 50g
A｜牛乳 … 10ml
　｜バター（無塩）… 10g
牛乳しっかりホイップ
　… 240～360g
　（P.30の全量～1.5倍）
いちご … 1パック
　（250～300g）

- 型にオーブンペーパーを敷き込んでおく ⓐ。
- Aをあわせてレンジで20～30秒加熱し、バターを溶かしておく。
- オーブンを170℃に予熱する。
- いちごは洗ってヘタを取り、大きさによっては適宜カットする。

a

[スポンジ]

1・ ボウルに卵と上白糖を入れ、ハンドミキサーの【高速】で5分ほど泡立てる ⓑ。

b

2・ もったりしてきたら【低速】でさらに2～3分泡立て、きめをととのえる ⓒ。

c

3・ 薄力粉をふるい入れ ⓓ、泡立て器で切るようにしっかり混ぜる。

d

4・ Aに3の生地をゴムべらひとすくい分加えて ⓔ 混ぜてから3のボウルに戻し ⓕ、つやがでるまで混ぜる。

e

f

⎛Memo⎞

スポンジ生地をデコレーション直前まで冷やしておくことで、ホイップクリームのダレを防ぐことができます。

デコレーション中もホイップをこまめに混ぜるとなめらかな仕上がりに。

デコレーション後に冷やす時はラップをかけられないので、ケーキカバーをかぶせるか、大きめのボウルを逆さまにしてふた代わりにしてみてください。

5· 型に生地を流し入れて竹串でくるくると混ぜて大きな気泡を消し⒢、さらに気泡を消すために少し高いところから1~2回落とす⒣。

6· 160~170℃のオーブンで30~35分焼く。

7· 焼き上がったら15cmほどの高さから落として衝撃を与えたあと型からはずし、オーブンペーパーをはがす。

8· 上面を底にしてケーキクーラーの上に置き、ぬれぶきんをかけて常温まで冷ます。

9· 生地を3枚にスライスし⒤、30分ほど冷蔵庫で冷やす。

[組み立て]

10· スポンジ1枚を回転台の上にのせる。**しっかりホイップ**適量を絞り袋に入れてスポンジの上に絞り、いちごを並べる。

11· さらに**しっかりホイップ**適量でおおい⒥、スポンジを1枚のせる。**10・11**をもう一度くり返す。

12· 3枚目はスポンジの切り口が上にくるようにのせ、残りのクリームといちごでデコレーションする。冷蔵庫で2~3時間冷やすとカットしやすい。

g

h

i

j

さわやか
フルーツサンド
［ミックス＆ぶどう］

たっぷりのクリームが魅力のフルーツサンドは牛乳
ホイップの活躍どころ。一歩引いてフルーツのおいしさを
引き立てられるのは、しつこくない牛乳ホイップだからこそ。

材料（2人分）

食パン（8枚切り／
　耳までやわらかいタイプ）… 4枚
牛乳しっかりホイップ
　（濃密バージョン）… 240g（P.30の全量）
［ミックス］
いちご … 2粒
キウイ … 1/2個
黄桃（缶詰）… 1/4個
［ぶどう］
シャインマスカット … 4粒
巨峰 … 3粒

［ミックス］
・ いちごは洗ってヘタを取る。キウイは皮をむき、黄桃はシロップ
　をキッチンペーパーでふき取り、それぞれ食べやすい大きさに切
　る。
［ぶどう］
・ シャインマスカットと巨峰をきれいに洗い、水けをキッチンペー
　パーでふき取る。

1・ 2枚のパンの片面にそれぞれ**しっかりホイップ**（濃密バージョ
　ン）を塗る。

2・ ミックス、ぶどうともにフルーツを彩りよく並べ ⓐ、すき間を埋
　めるようにクリームを絞り ⓑ、もう一枚のパンをかぶせる。

3・ ラップできっちりと包み、冷蔵庫で2～3時間冷やしてなじませ
　る。

4・ 好みのサイズにラップごと切っ
　てから ⓒ、ラップをはがす。

Memo

耳までやわらかいタイプのパンを使
うと耳を切り落とす手間が省けます。
………………………………………
クリームがしっかり冷えて固まった
ら食べ頃。ラップが重なっていない
側を上にして切りましょう。

夢見心地のロールケーキ

きめ細やかなロール生地にふんわりとくるまれた牛乳ホイップクリーム。
シンプルだからこそおいしさが直球で飛んでくる、正直なケーキです。
その口どけのよさは、まるで夢を見ているよう。

夢見心地のロールケーキ

材料 (22×30cmのロールケーキ型1台分)

```
│ 卵白 … L玉 2個分
│ 砂糖❶ … 25g
卵黄 … L玉 2個分
薄力粉 … 35g
A │ 牛乳 … 大さじ1
│ 米油 … 大さじ1
砂糖❷ … 10g
```
牛乳しっかりホイップ
（濃密バージョン）
　… 240g (P.30の全量)

- ロールケーキ型にオーブンペーパーを敷き込んでおく ⓐ。
- 卵は使うまで冷蔵庫で冷やしておき、直前に卵黄と卵白に分ける。
- Aを混ぜあわせておく。
- オーブンは190℃に予熱する。

a

1· メレンゲを作る。卵白をボウルに入れハンドミキサーの【低速】で軽く泡立てる。砂糖❶を2回に分けて加えながら ⓑ 【高速】で泡立てる。モコモコとしたメレンゲになったら【低速】でさらに1分ほど泡立てて、きめをととのえる ⓒ。

b

2· 別のボウルに卵黄を入れてほぐし、砂糖❷を加えて白っぽくなるまでハンドミキサーの【高速】で泡立てる ⓓ。

c

3· Aを少しずつ加えて混ぜる。

4· 薄力粉をふるい入れて、粉っぽさがなくなるまで泡立て器で混ぜる。

d

5· 1のメレンゲをまず1/3量加えてぐるぐると混ぜ ⓔ、さらに残りの1/2量を加えてさっくり混ぜる。

e

6· 1のボウルに5の生地を加え、大きく回しながら混ぜあわせる ⓕ。

f

7. 型に流し入れ、ドレッジで表面を均等に
ならす ⓖ。

8. 180~190℃のオーブンで12~15分焼く。

9. 焼き上がったらすぐに型からはずして
ケーキクーラーに置き、粗熱が取れたら
30分ほど冷蔵庫で冷やす。

[仕上げ]

10. 新しいオーブンペーパーを生地の上面に
のせてひっくり返し、古いオーブンペー
パーをはがす。

11. 生地の奥側1.5㎝を斜めに切り落とす ⓗ。
ここが巻き終わりになる。

12. 生地の上に**しっかりホイップ**を塗りひろ
げる。巻きはじめの手前は厚く、巻き終
わりの奥は薄めに塗る ⓘ。

13. 生地を手前から巻いていく ⓙ。巻き終
わったら定規を当てて手前に引き、生地
をしめる ⓚ。

14. 巻き終わりが下にくるように形をととのえ、
オーブンペーパーごとラップで包み冷蔵
庫で2~3時間冷やす。

15. オーブンペーパーをはずし、好みのサイ
ズにカットする。

2色のしっとり
クレープ

[いちご／抹茶あんこ]

薄くてやわらかなクレープ生地は、牛乳ホイップを
たっぷり包むのにぴったり。クリームが主役のクレープを、
2つの表情で楽しみます。

材料（直径22cm程度のもの4枚分）

[共通]

牛乳 … 150ml
薄力粉 … 50g
卵 … M玉 1個
砂糖 … 15g
米油 … 小さじ2
塩 … 少々
牛乳しっかりホイップ
　　… 120g（P.30の半量）

[いちご]

共通の材料
＋
いちご … 1/2パック（120～150g）
いちごジャム … 大さじ2～3
粉糖 … 適量

[抹茶あんこ]

共通の材料
＋
粒あん … 125g
抹茶 … 大さじ1

1・ ボウルに薄力粉と塩、砂糖を入れ、泡立て器で混ぜる。抹茶あんこの
場合は抹茶も加える。

2・ 牛乳を600Wのレンジで1分ほどあたため、1/3量を**1**に加えて混ぜる。

3・ よく溶きほぐした卵と残りの牛乳、米油を順に加えてよく混ぜる。

4・ ザルでこし、常温で30分ほどやすませる。

5・ フライパンを中火にかけ米油（分量外）を入れて熱し、余分な油は
キッチンペーパーでふき取る。

6・ **4**の生地をお玉ですくい、フライパンをかたむけながら流し入れる 。

7・ うっすらとした焼き色がついたら裏返し ⓑ、もう片面をさっと焼く。

8・ 生地をそのつど混ぜながら、残りの生地も同様に焼く。

[いちご]

9・ 粗熱の取れた生地に**しっかりホイップ**、
洗ってヘタを取りカットしたいちご、い
ちごジャムをのせて包む。皿に盛りつ
けて茶こしで粉糖をふる。

[抹茶あんこ]

9・ 粗熱の取れた生地に粒あんと**しっかり
ホイップ**をのせて包む ⓒ。皿に盛りつ
け、茶こしで抹茶（分量外）をふる。

a

b

c

Memo

ここでは直径24cmのフッ素加工の
フライパンを使用しています。

1枚目よりも、フライパンが均一に
あたたまり油のむらもなくなる2枚
目以降のほうが、くっついたりせず、
キレイな焼き色になります。

さっくり濃厚
ビスケットアイスサンド3種
［基本のプレーン／チョコレート／ラムレーズン］

しっかりホイップを少しアレンジすれば、
さっくり食感が魅力のアイスサンドに。
ビスケットと牛乳の組み合わせが
どこかなつかしい、素朴な味わいです。

材料（6個分）

［基本のプレーン］

牛乳しっかりホイップ
（もっと濃密バージョン／
コンデンスミルク30gで作る）
… 240g（P.30の全量）
ビスケット … 12枚

［チョコレート］

基本の材料
＋
ココア … 大さじ2
チョコレート … 100g

［ラムレーズン］

基本の材料
＋
ラムレーズン … 40g

［基本］

1. ラップの上にビスケットを1枚置く。その上に**しっかりホイップ**（もっと濃密バージョン）を絞り ⓐ、もう1枚のビスケットを重ねる。

2. ラップで巾着袋のように包み ⓑ、冷凍庫で一晩冷やし固める。

［チョコレート］

1. **しっかりホイップ**（もっと濃密バージョン）にココアを加えて混ぜる。

2. 基本の手順1〜2と同様に作る。

3. チョコレートを刻み、ボウルに入れて60℃の湯せんで溶かす。2にチョコレートをつけてオーブンシートを敷いたバットに並べ、チョコレートが固まるまで冷凍庫で冷やす。

［ラムレーズン］

・ 基本の手順と同じ。手順1で**しっかりホイップ**（もっと濃密バージョン）を絞った上に、ラムレーズンを等分にのせる。

a

b

Memo

ビスケットとサイズが合うプリンカップなどがあれば、その中にラップを敷いて包むと作りやすいです ⓒ。

c

大人のコーヒーゼリー

濃いめのコーヒーゼリーに甘くてコクのあるミルクソースがやみつき間違いなし！食後でもさっぱりいただけます。

材料 (2人分)

砂糖 … 20g
　粉ゼラチン … 7g
　水 … 大さじ3
インスタントコーヒー … 大さじ1
水 … 200ml

[ミルクソース]
牛乳 … 30ml
コンデンスミルク
　… 大さじ1

[トッピング]
牛乳しっかりホイップ
　… 適量
ココアパウダー … 適量
ミントの葉 … 適宜

Memo

子ども向けには、インスタントコーヒーは大さじ1/2程度が目安。砂糖も多めに入れると苦みがやわらぎます。

1· 粉ゼラチンを水にふり入れ、10分以上ふやかしておく。

2· 鍋に水と**1**、インスタントコーヒー、砂糖を入れ、混ぜながら中火であたためる。粉ゼラチンが溶けたら火からおろす。

3· 型にラップを敷いて**2**を流し入れ、冷蔵庫で半日以上冷やし固める ⓐ。

4· 牛乳とコンデンスミルクを混ぜあわせてミルクソースを作る。

5· **3**を型からはずし、食べやすい大きさに切り分けて ⓑ、器に入れる。

6· ミルクソースをかけ、その上に**しっかりホイップ**をのせる。ココアパウダーをふり、好みでミントの葉を飾る。

a

b

Chapter 3

牛乳
クリーム
チーズ

濃厚な「クリチ感」があるのに
味わいすっきり
牛乳から作るフレッシュチーズ
ぜひ一度お試しあれ

基本の
牛乳クリームチーズ

テレビ番組でも紹介された牛乳で作るクリームチーズ。
脂肪分が少ないためヘルシーですっきりとした味わいです。
料理やお菓子作りなど、クリームチーズの
代用品として幅広く活用できます。

MATERIALS AND NOTES

材料（できあがり約200ｇ）

牛乳 … 900ml
酢 … 50ml
塩 … 1g

Point

酢は米酢や穀物酢などを使用してください。レモ
ン汁でも代用できます。

キッチンペーパーは、薄手のエンボスタイプでは
なく、厚手のフェルトタイプを使ってください。

水け（ホエー）をきる時、ホエーはずっと出てく
るので、どこで止めるかによって、できあがったク
リームチーズのかたさが変わってきます。不安な
人は途中でクリームチーズの重さを量ってみてく
ださい。クリームチーズが200ｇになるところで
止めるのがちょうどいいと思います。もしそれよ
り軽くなった（ホエーをきりすぎた）場合は、ホ
エーを少し戻してよく混ぜれば大丈夫です。

手順4で出てきたホエーには栄養がたっぷり含
まれているので捨てないで！ホエーの活用レシピ
をP.80にご紹介しています。

1 鍋に牛乳を入れて中火にか
け、ときどき混ぜながらあた
ためる。

2 鍋のふちがフツフツとしてき
たら（60〜70℃）弱火にし、
酢を回し入れる。

3 弱火のままやさしく混ぜ、分
離したら火からおろす。

4 ザルにフェルトタイプのキッチンペーパーを敷いてひとまわり小さいボウルに重ね、**3**を流し入れて水け（ホエー）をきる。

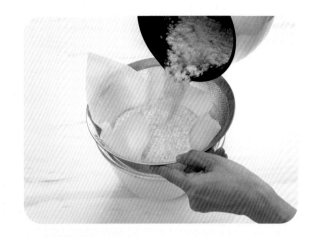

5 器に**4**を入れて塩を加え、ハンドブレンダー（またはミキサー）でつやが出るまでしっかり混ぜる。

6 保存容器に移し、粗熱が取れたら冷蔵庫で2〜3時間冷やす。

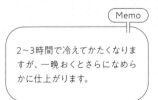

Memo

2〜3時間で冷えてかたくなりますが、一晩おくとさらになめらかに仕上がります。

とろけるおいしさ
レアチーズケーキ

酸味とさわやかさはそのままに、こだわりの甘さ加減でやさしい味わいに仕上げました。混ぜて冷やすだけなので初心者でも気軽に作ることができます。

材料（直径15cmの丸型1台分〈底がはずせるものを使用〉）

[土台]
全粒粉ビスケット … 6枚（約50g）
バター（無塩）… 25g

[生地]
牛乳クリームチーズ … 200g
牛乳 … 200ml
砂糖 … 60g
レモン汁 … 大さじ1と1/3
| 粉ゼラチン … 7g
| 水 … 大さじ1と1/2

- 型にオーブンペーパーを敷いておく。
- バターは湯せんで溶かしておく。
- **牛乳クリームチーズ**は常温にもどしておく。

[土台]

1. 全粒粉ビスケットをフードプロセッサーで細かく砕く ⓐ。ボウルに移し、溶かしたバターを加え、全体をむらなく混ぜあわせたら型の底に敷き込む。

2. スプーンの背などで押して厚さを均一にし ⓑ、冷蔵庫で20分ほど冷やし固める。

[生地]

3. 粉ゼラチンを水にふり入れ、10分以上ふやかす。

4. 耐熱ボウルに**クリームチーズ**を入れ、砂糖を加えてなめらかなクリーム状になるまで混ぜる ⓒ。

5. 3を600Wのレンジで10秒ほどあたためて溶かし、4のボウルに少しずつ加えて混ぜる。さらに牛乳とレモン汁を順に加えてそのつどよく混ぜる。

6. 2に流し入れ、冷蔵庫で3時間以上冷やし固める。

7. ぬれぶきんをレンジで20秒ほど加熱して型の側面に10秒ほど当ててから ⓓ、中身を型からはずす。

8. オーブンペーパーをはがし、好みのサイズにカットする。

a

b

c

d

Memo

手順4でクリームチーズの温度が低くかたい場合は、レンジで40秒ほど加熱して、押すと指がすっと入るくらいにやわらかくしてください。

最後にカットする際、包丁の刃を少しあたためると切りやすくなります。

ほめられ
スティックチーズケーキ

食べやすくカットされたカジュアルスタイルのチーズケーキ。ホロッとくずれるような食感でプレゼントにもおすすめです。

材料 (15×15cmのスクエア型1台分)

[土台]
全粒粉ビスケット … 6枚(約50g)
バター(無塩)… 25g

[生地]
牛乳クリームチーズ … 200g
砂糖 … 45g
卵 … M玉 1個
コーンスターチ … 小さじ2
レモン汁 … 小さじ2

- バターは湯せんで溶かしておく。
- **牛乳クリームチーズは常温にもどして**おく。
- 型にオーブンペーパーを敷いておく@。
- オーブンは170℃に予熱しておく。

a

[土台]

1. 全粒粉ビスケットをフードプロセッサーで細かく砕く(P.55の写真@参照)。ボウルに移し、溶かしたバターを加え、全体をむらなく混ぜあわせたら型の底に敷き込む。

2. スプーンの背などで押して厚さを均一にし(P.55の写真ⓑ参照)、冷蔵庫で20分ほど冷やし固める。

[生地]

3. ボウルに**クリームチーズ**を入れて混ぜ、なめらかなクリーム状にする。砂糖を入れ、さらにしっかり混ぜる。

4. 卵を溶きほぐし、3に少しずつ加えて混ぜるⓑ。

5. コーンスターチをふるい入れて混ぜ、レモン汁を加えてさらに混ぜる。

6. 型に流し入れ、表面をならす。

7. 160〜170℃のオーブンで30〜35分焼く。

8. 焼き上がったらケーキクーラーの上で型ごと冷ます。粗熱が取れたら冷蔵庫で4時間ほど冷やす。

9. 型からはずしてオーブンペーパーをはがし、スティック状にカットするⓒ。

b

c

Memo

最後にカットする際、包丁の刃を少しあたためると切りやすくなります。
....
よりキレイに仕上げたい場合は、4辺を薄く切り落としてください。

ふわふわしっとり
スフレチーズケーキ

焼きたてはふわしゅわ食感で口どけがよく、しっかり冷やすと
なめらかな食感がプラスされてコクのある味わいに。
好みの食感と味わいで召し上がってください。

ふわふわしっとりスフレチーズケーキ

材料（直径15cmの丸型1台分〈底がはずせるものを使用〉）

牛乳クリームチーズ … 120g
牛乳 … 75ml
砂糖 … 65g
薄力粉 … 45g
バター（無塩）… 45g
卵 … M玉 3個
レモン汁 … 小さじ1と1/2
ラムレーズン … 15g
塩 … 少々

- 卵は使うまで冷蔵庫で冷やしておき、直前に卵黄と卵白に分ける。
- 型にオーブンペーパーを敷き込んでおく。
- 湯せん用の湯を準備しておく
  （60℃程度、天板に深さ2cm程度になる量）。
- オーブンは160℃に予熱しておく。

1. 型の底にラムレーズンを並べる ⓐ。

2. 耐熱ボウルに**クリームチーズ**とバターを入れ、600Wのレンジで1分ほど加熱してやわらかくする。泡立て器でなめらかになるまで混ぜ ⓑ、バターが完全に溶けたら牛乳と塩を入れて混ぜる。

3. 卵黄とレモン汁を加えて混ぜる。薄力粉をふるい入れて混ぜる。

4. メレンゲを作る。別のボウルに卵白と砂糖を入れ、ハンドミキサーの【高速】で、つのの先端が曲がるくらいまで泡立てる ⓒ。さらに【低速】で1分ほど泡立ててきめをととのえる ⓓ。

Memo

湯せん焼き：オーブンの天板に湯をはり、生地が入った型を入れて蒸し焼きにする調理方法。ここでは底がはずせる型を使っているので、ぬれぶきんを敷いたバットを置いてから型を入れています。焼成中に湯がなくならないように注意してください。

5. 3の生地に**4**の1/3量を加え、泡立て器でぐるぐると混ぜる （e）。

6. 残りのメレンゲを2回に分けて加えて混ぜあわせる。

7. 型に流し入れ、竹串でくるくると混ぜて大きな気泡を消す（f）。

8. 150〜160℃のオーブンで40〜50分**湯せん焼き** (Memo) （g）**にする**。

9. 焼き上がったら縮み防止のため、オーブンの扉を少し開け、そのまま30分ほど放置する。

10. 型からはずし、側面のオーブンペーパーをはがして、ケーキクーラーの上で冷ます。

11. 粗熱が取れたらラップをかけて、冷蔵庫で4時間ほど冷やす。

12. しっかりと冷えたら底のオーブンペーパーをはずし、好みの大きさに切り分ける。

ふわふわ
ティラミス

軽くて口の中に入れた瞬間溶けていく、
繊細でやさしい甘さが特徴のふわふわティラミスです。
ゼラチンを使うタイプなので、失敗なく誰でも簡単に作れます。

材料（400mlの角皿1台分）

牛乳クリームチーズ … 100g
ブッセ（P.72参照）… 4枚（約25g）
砂糖 … 20g
卵 … M玉 1個
インスタントコーヒー … 大さじ1
湯（80～90℃程度）… 大さじ3
│ 粉ゼラチン … 2g
│ 水 … 小さじ2
ラム酒（好みで）… 小さじ1
ココアパウダー … 適量

- 卵を卵白と卵黄に分けておく。
- **クリームチーズ**は常温にもどしておく。

1・ 耐熱容器にインスタントコーヒーを入れ、湯を加える。混ぜてよく溶かし、常温まで冷めたら好みでラム酒を加え混ぜる。

2・ ブッセを型に合わせてカットし、型の底に敷き詰める。**1**をかけてしみ込ませ@、表面を平らにならす ⓑ 。

3・ 粉ゼラチンを水にふり入れ、10分以上ふやかす。

4・ ボウルに**クリームチーズ**と砂糖の半量を入れて混ぜる。卵黄を加えてさらに混ぜる。

5・ **3**を600Wのレンジで10秒ほど加熱して溶かし、**4**に少しずつ加えてよく混ぜる。

6・ メレンゲを作る。別のボウルに卵白と残りの砂糖を加え、つのが立つまでしっかり泡立てる。

7・ **5**に**6**のメレンゲをまず1/3量ほど入れて混ぜてから、残りのメレンゲを加えて手早く混ぜあわせる。

a

8・ 型に流し入れ ⓒ 、表面を平らにならして冷蔵庫で3～4時間冷やす。

b

9・ 表面に茶こしでココアパウダーをふる。

c

Memo

ブッセ以外でも、市販のビスキュイやスポンジなどでも作れます。コーヒー液の量は好みで加減してください。

アメリカンカップケーキ5種

[基本のプレーン／ブルーベリー／Wチョコ／モンブラン／かぼちゃ]

焼きたてはふんわり、冷やすとしっかりとした食感で満足感のある
カップケーキです。そのまま食べてもおいしいですが、
あっさりとした牛乳クリームチーズとの相性は抜群です。

アメリカンカップケーキ5種

[基本のプレーン／ブルーベリー／Wチョコ／モンブラン／かぼちゃ]

[基本のプレーン]

材料（直径7cmの型6個分）

[生地]

A	薄力粉 … 90g	砂糖 … 40g
	ベーキングパウダー … 3g	卵 … M玉 1個
		アーモンドプードル
	バター（無塩）… 50g	… 15g
	牛乳 … 40ml	塩 … 少々

[クリーム]
牛乳クリームチーズ
　… 100g
粉糖 … 10g
[トッピング]
アラザン … 適宜

・ 材料はすべて常温にもどしておく。
・ Aをあわせてふるっておく。
・ マフィン型にグラシンケースをセットする
　ⓐ。
・ オーブンを190℃に予熱しておく。

[クリーム]

1. クリームチーズに粉糖を加えてよく混ぜる。

2. 絞り袋に入れて冷やす。

[生地]

3. ボウルにバターと塩を入れ、ハンドミキサーの【低速】でなめらかなクリーム状にする。砂糖を加え、さらになめらかになるまで混ぜるⓑ。

4. 3に溶きほぐした卵を4〜5回に分けて加え、そのつどハンドミキサーの【中速】で混ぜる。

5. アーモンドプードルを加え、ゴムべらで混ぜる。

6. Aの半量を加え、混ぜる。

7. 残りのAと牛乳を一度に加え、切るように混ぜるⓒ。

8. 型に入れ、180〜190℃のオーブンで15〜18分焼く。

9. 焼き上がったら型からはずし、ケーキクーラーの上で冷ます。

10. 冷めたらクリームを絞り、好みでアラザンを飾る。

[ブルーベリー]

材料

[生地]

基本の材料

+
ブルーベリー … 60g
[クリーム]
牛乳クリームチーズ … 100g
粉糖 … 10g
ブルーベリージャム … 小さじ1
[トッピング]
ブルーベリー … 適宜

[クリーム]

・ 基本の手順1でブルーベリージャムも加える。

[生地]

・ 基本の手順7で、残りのAと牛乳が混ざったら、ブルーベリーを加えて混ぜる。

・ 基本の手順10で、最後に好みでブルーベリーを飾る。

［Wチョコ］

材料

［生地］

基本の材料
　◎うち分量変更
　薄力粉 … 90g→80g
+
ココアパウダー … 10g
チョコチップ … 30g

［クリーム］
牛乳クリームチーズ … 100g
チョコレート … 20g
粉糖 … 6g

［トッピング］
ココアパウダー … 適量
くるみ（無塩・ロースト）… 適量

［クリーム］

1. チョコレートを粗く刻み、湯せんにかけて溶かす。

2. **クリームチーズ**を耐熱容器に入れて600Wのレンジで20〜30秒あたためる。**1**と粉糖を加えてよく混ぜる。

3. 絞り袋に入れて冷やす。

［生地］

・ **A**にココアパウダーをあわせてふるっておく。

・ 基本の手順**7**で、**A**の残りと牛乳が混ざったら、チョコチップを加えて混ぜる。

・ 基本の手順**10**で、最後にココアパウダーを茶こしでふりかけて、粗く刻んだくるみをのせる。

［モンブラン］

材料

［生地］

基本の材料
+
マロンペースト … 50g

［クリーム］
マロンペースト … 100g
牛乳クリームチーズ … 60g
ラム酒 … 小さじ1/4

［トッピング］
栗の甘露煮 … 6粒

［クリーム］

1. マロンペーストに**クリームチーズ**を少しずつ加えて混ぜ、ラム酒を加えてさらに混ぜる。

2. 絞り袋に入れて冷やす。

［生地］

・ 基本の手順**4**で、マロンペーストに**3**を少々加え溶きのばしたものを加えて混ぜる。続いて溶きほぐした卵を4〜5回に分けて加え、そのつどよく混ぜる。

・ 基本の手順**10**で、最後にトッピング用の栗の甘露煮を飾る。

［かぼちゃ］

材料

［生地］

基本の材料
+
B　かぼちゃパウダー … 20g
　　ぬるま湯 … 40ml
レーズン … 15g
シナモンパウダー … 少々

［クリーム］
牛乳クリームチーズ … 100g
粉糖 … 10g

［トッピング］
かぼちゃの種 … 12粒
シナモンパウダー … 適量

［クリーム］

・ 基本の作り方と同じ

［生地］

・ **B**を混ぜあわせてペースト状にしておく。

・ 基本の手順**3**で、なめらかになるまで混ざったら、**B**とシナモンパウダーを加えて混ぜる。

・ 基本の手順**7**で、**A**の残りと牛乳が混ざったら、レーズンを加えて混ぜる。

・ 基本の手順**10**で、最後にシナモンパウダーを茶こしでふりかけ、かぼちゃの種を飾る。

田舎風
キャロットケーキ

軽いのにしっかりとした味わいのチーズフロスティングと
スパイスたっぷりの生地がベストコンビ。にんじんの甘みがきいて
いるので砂糖は少なめ。少量のごま油が大事な隠し味です。

材料 (16.5×7cmのパウンド型1台分)

A | 薄力粉 … 90g
 | 全粒粉 … 30g
 | シナモンパウダー … 小さじ1
 | ベーキングパウダー … 小さじ1/2
 | 重曹 … 小さじ1/2
 | ナツメグ … 小さじ1/2
 | カルダモンパウダー … 小さじ1/2
にんじん … 中3/4本程度 (150g)
米油 … 50g
くるみ (無塩・ロースト) … 30g
きび砂糖 … 40g
牛乳 … 30ml
レーズン … 15g
卵 … M玉 1個
ごま油 … 小さじ1
おろししょうが … 小さじ1/2
塩 … ひとつまみ
[フロスティング]
牛乳クリームチーズ … 200g
粉糖 … 20g
[トッピング]
くるみ (無塩・ロースト) … 10g
ローズマリーの葉 … 適量

- 牛乳、卵、クリームチーズ、にんじんを常温にもどしておく。
- パウンド型にオーブンペーパーを敷いておく。
- オーブンは180℃に予熱しておく。

1・ にんじんは洗って皮ごと粗くすりおろし@、くるみは粗く刻む。

2・ ボウルに卵を割り入れ、泡立て器で溶きほぐす。きび砂糖、塩、
おろししょうが、米油、ごま油、**1**のにんじん、牛乳の順に加え、
そのつどよく混ぜる。

3・ Aをふるい入れ、粉っぽさがなくなる程度にざっくり混ぜる。

4・ レーズンとくるみを加え、ざっくり混ぜたら型に流し入れる。

5・ 170～180℃のオーブンで35～40分焼く。

6・ 焼き上がったら型からはずし、ケーキクーラーの上で冷ます。

7・ **クリームチーズ**と粉糖を混ぜてフロスティングを作る。

8・ **6**が冷めたらオーブンペーパーをはがし、**7**を塗ってくるみとロー
ズマリーの葉をトッピングする。

a

Memo

きび砂糖を使うことで味に深みが
でます。スパイスは好みで加減して
ください。
……………………………………
しっかり冷やすと味がよくなじみます。

ふんわりプチブッセ5種

［基本のプレーン／レモン／桜あんこ／チーズ／贅沢抹茶］

ふんわりサクッとしたブッセ生地に、濃厚ながらすっきりとした
牛乳クリームチーズをサンド。かわいいサイズで見た目もキュート♪

ふんわりプチブッセ5種

［基本のプレーン／レモン／桜あんこ／チーズ／贅沢抹茶］

［基本のプレーン］

材料 (直径約6cmほどのもの5個分)

［生地］

卵 … M玉 1個

A 薄力粉 … 25g
　アーモンドプードル … 5g

グラニュー糖 … 20g

［クリーム］
牛乳クリームチーズ … 80g
粉糖 … 10g

［トッピング］
アーモンドスライス … 適量
粉糖 … 適量

- ・ 卵は使うまで冷蔵庫で冷やしておき、直前に卵黄と卵白に分ける。
- ・ **牛乳クリームチーズ**は室温にもどしておく。
- ・ **A**をあわせてふるっておく。
- ・ 天板にオーブンペーパーを敷き、直径5cmのセルクルに薄力粉（分量外）をつけて10か所印をつけておく 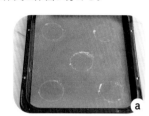。
- ・ オーブンは190℃に予熱しておく。

1. **クリームチーズ**と粉糖を混ぜあわせ、絞り袋に入れて冷蔵庫で冷やす。

2. メレンゲを作る。卵白をボウルに入れハンドミキサーの【低速】で全体が白っぽくなるまで泡立てる。グラニュー糖を2回に分けて加え、さらにつのが立つまで【高速】で泡立てる ⓑ。

3. 卵黄を加えて30秒ほど【高速】で混ぜる。

4. 泡立て器に替え、**A**を加えて切るように手早く混ぜあわせる。

5. 生地を別の絞り袋に入れ、印にあわせて10個絞り出す ⓒ。

6. 上から茶こしで粉糖を軽くふる。少しおいて表面の粉糖が溶けたら再度粉糖をしっかりとふり、10個のうち5個にアーモンドスライスを2〜3枚のせる。

7. 180〜190℃のオーブンで10分ほど焼く。

8. 粗熱がとれたらケーキクーラーの上に取って冷ます。

9. アーモンドスライスがついていない生地を裏返してクリームを絞る 。アーモンドスライスがついている生地をかぶせて軽く押さえる。

［レモン］

材料

［生地］	［クリーム］	［トッピング］
基本の材料	牛乳クリームチーズ	レモンの皮の
＋	… 80g	すりおろし
レモンの皮の	粉糖 … 12g	… 適量
すりおろし	レモンピールの	粉糖 … 適量
… 少々	砂糖漬け … 15g	

- 下準備でAをあわせてふるったものに、レモンの皮のすりおろしを混ぜておく。
- 基本の手順1で、すべてのクリームの材料を混ぜあわせ、絞り袋に入れて冷蔵庫で冷やす。
- 基本の手順6で、10個のうち5個にレモンの皮のすりおろしをのせる。
- 基本の手順9で、レモンの皮のすりおろしがついていない生地を裏返してクリームを絞る。レモンの皮のすりおろしがついている生地をかぶせて軽く押さえる。

［チーズ］

材料

［生地］	［トッピング］
基本の材料	パルメザンチーズ
［クリーム］	… 適量
牛乳クリームチーズ … 80g	粉糖 … 適量
粉糖 … 10g	
はちみつ … 小さじ1	
ゴルゴンゾーラ … 8g	

- 基本の手順1で、すべてのクリームの材料を混ぜあわせ、絞り袋に入れて冷蔵庫で冷やす。
- 基本の手順6で、10個のうち5個にパルメザンチーズをふりかける。
- 基本の手順9で、パルメザンチーズがついていない生地を裏返してクリームを絞る。パルメザンチーズがついている生地をかぶせて軽く押さえる。

［桜あんこ］

材料

［生地］	［トッピング］
基本の材料	桜の花の塩漬け … 5枚
［クリーム］	粉糖 … 適量
牛乳クリームチーズ	
… 70g	
粉糖 … 12g	
粒あん … 25g	

- 粒あんを5等分する。桜の花の塩漬けの塩を洗い流し、たっぷりの水に10分ほどつけてキッチンペーパーで水けをとる。
- 基本の手順6で、10個のうち5個に桜の花の塩漬けをのせる。
- 基本の手順9で、桜の花がついていない生地を裏返してクリームを絞る。中央に粒あんを置き、桜の花がついている生地をかぶせて軽く押さえる。

［贅沢抹茶］

材料

［生地］	［クリーム］	［トッピング］
基本の材料	牛乳クリームチーズ	粉糖 … 適量
＋	… 80g	
抹茶 … 5g	粉糖 … 12g	
	抹茶 … 5g	

- 下準備で、Aと抹茶をあわせてふるっておく。
- 基本の手順1で、粉糖と抹茶をよく混ぜてから**クリームチーズ**を加えて混ぜ、絞り袋に入れて冷蔵庫で冷やす。
- 基本の手順9で、半数の生地を裏返してクリームを絞る。残りの生地をかぶせて軽く押さえる。

Memo

抹茶の量は好みで加減してください。

イタリア風
かため焼きプリン

シンプルな材料ながらリッチなおいしさで、
食べ応えのある質感と濃厚な味わいに心を満たされる
一品です。教室でも大人気だったスイーツのひとつ。

材料 (17×7cmのパウンド型1台分)

牛乳クリームチーズ … 100g
牛乳 … 150ml
砂糖 … 40g
卵 … M玉 3個
[カラメル]
　砂糖 … 40g
　水 … 大さじ1
　熱湯 … 大さじ1
バター … 適量

- **牛乳クリームチーズ**は室温にもどしておく。
- 型の内側にバターを塗っておく。
- オーブンは160℃に予熱しておく。

1· カラメルを作る。小鍋に砂糖と水を入れて中火にかける。鍋を揺すりながら熱し、濃いめの茶色になったら火を止め@、熱湯を入れてすぐにふたをする。

2· 素早く型に流し入れ、型をかたむけながら全体にいきわたらせたら、冷蔵庫で10～15分ほど冷やす。

3· ボウルに**クリームチーズ**を入れ、泡立て器で混ぜてなめらかなクリーム状にする。

4· 卵を溶きほぐし、**3**に少しずつ加えて泡立てないように混ぜる。

5· 牛乳を600Wのレンジで1分ほどあたため、砂糖を加えてよく混ぜる。

6· **4**に加えて混ぜたら、ザルでこして型に流し入れる。

7· 天板の上にぬれぶきんを敷き、型をのせる。40～50℃の湯 (分量外) を型の1/3ほどの高さまで注ぎ、150～160℃のオーブンで40～50分湯せん焼き (P.60参照) にする。粗熱が取れたら冷蔵庫で一晩冷やす。

8· プリン生地と型の間にパレットナイフを差し込み、型に沿わせながらゆっくりと一周させ、皿を上にかぶせる。ひっくり返して型をゆっくりはずし、好みのサイズにカットする。

Memo

手順**1**で湯を入れた際、カラメルがはねることがあるので火傷に注意！
……………………………………
好みでふわふわホイップまたはしっかりホイップを添えて。

a

なめらかチーズディップ5種

[ハニーナッツがけ／レモンジンジャー／
黒豆クリチ／いぶりがっこチーズ／桜えびセージ]

混ぜるだけで完成する万能ディップは、互いを引き立て合う
こだわりの組み合わせを厳選してバリエーション豊かに。
トーストにのせていただくのもおすすめです。

なめらかチーズディップ5種

[ハニーナッツがけ／レモンジンジャー／
黒豆クリチ／いぶりがっこチーズ／桜えびセージ]

［ハニーナッツがけ］

なめらかなクリームチーズと
香ばしいナッツの歯応えがよく合います。

材料（作りやすい分量）

牛乳クリームチーズ … 50g
ハニーナッツ … 適量

クリームチーズの上にハニーナッツをかける。

ハニーナッツの作り方

材料（250mlの保存瓶1本分）

ミックスナッツ … 50g
はちみつ … 150g程度

保存瓶にミックスナッツを入れる。ナッツがひたるくらいのはちみつを注ぎ、ふたをして常温で3日以上おいて味をなじませる。

保存期間：冷暗所で2〜3か月

［レモンジンジャー］

レモンの香りとしょうがのピリッと感がたまりません。

材料（作りやすい分量）

牛乳クリームチーズ … 50g
レモンピールの砂糖漬け … 15g
しょうがのすりおろし … 小さじ1/4

材料をすべて混ぜあわせる。

［黒豆クリチ］

甘い黒豆にブラックオリーブの塩けがクセになります。

材料（作りやすい分量）

牛乳クリームチーズ … 50g
黒豆 … 25g
ブラックオリーブ … 1〜2粒

ブラックオリーブをみじん切りにする。汁けをふき取った黒豆をくずすようにしながら材料をすべて混ぜあわせる。好みで黒豆（分量外）をのせる。

［桜えびセージ］

桜えびとクリームチーズ、ダブルのうまみがやみつきに。

材料（作りやすい分量）

牛乳クリームチーズ … 50g
桜えび（乾燥） … 1〜2g
塩 … ひとつまみ
セージの葉 … 適量

桜えびを包丁で細かく刻み、**クリームチーズ**、塩と混ぜあわせる。セージを飾る。

［いぶりがっこチーズ］

香ばしいいぶりがっことの組み合わせは
お酒にもよく合います。

材料（作りやすい分量）

牛乳クリームチーズ … 50g
いぶりがっこ … 30g
黒こしょう … 適量

5mm角に切ったいぶりがっこと**クリームチーズ**、黒こしょうを混ぜあわせる。

牛乳ホエー 活用レシピ

牛乳クリームチーズ作りで出た
水分（ホエー）にはビタミン、ミネラルなどの
栄養がたっぷりなので、捨ててしまうのは
もったいない！ 冷凍保存もできるので、
いろいろな料理に活用してみてください。

ツナととうもろこしの 炊き込みごはん

とうもろこしの甘みを味わう炊き込みご飯です。
生のとうもろこしが手に入る季節にぜひお試しください。

材料（4人分）

ホエー … 370ml	酒 … 大さじ1
米 … 2合（360ml）	バター … 10g
とうもろこし … 1本	塩 … 小さじ1/4
ツナ缶（ノンオイル）	こしょう … 適量
… 1缶	青ねぎ（みじん切り）
しょうゆ … 大さじ1	… 適量

1. 米を洗って水けをきり、ホエーに30分ほどつけおく。

2. とうもろこしの皮をむいて4等分に切り、包丁で実を削るようにはずす。芯も捨てずにおく。

3. 炊飯器に**1**をホエーごと入れ、しょうゆ、酒、塩、こしょうを加えて混ぜる。その上にツナ缶（汁ごと）ととうもろこしの実と芯、バターをのせて通常通り炊飯する。

4. 炊き上がったらとうもろこしの芯を取り除く。全体を切るように混ぜて塩（分量外）、こしょうで味をととのえ、器に盛って青ねぎをふる。

ホエーごはん

水の半量をホエーに替えるだけ。
炊き上がりはふわ～っとホエーの香りが漂いますが、
食べるとホエーをほとんど感じません。

材料（4人分）

米 … 2合（360ml）
ホエー … 200ml
水 … 200ml

米を洗い、通常通り炊飯する。

水キムチ風浅漬け

韓国でおなじみの水キムチ。本来はゆっくり発酵させて
作りますが、ホエーの酸味を利用して作るお手軽レシピです。

材料（作りやすい分量）

野菜（キャベツ、	［漬け汁］
きゅうり、にんじん、	ホエー … 300ml
だいこんなど）	酢 … 大さじ2
… あわせて400g	にんにくスライス … 1/2片分
りんご … 1/2個	しょうがスライス … 3〜4枚
塩 … 小さじ1	昆布（10×5cm／1cm幅に切る）
	… 1枚
	塩 … 小さじ1
	唐辛子（小口切り） … 小さじ1/2

1· 野菜を食べやすい大きさに切って塩をふり、軽く
もんで水けが出るまで30分ほどおく。

2· 保存容器に漬け汁の材料をすべて入れて混ぜあ
わせ、1の水けを手でしっかり絞って加える。

3· りんごを皮つきのままいちょう切りにして加える。
全体を均一に混ぜたら冷蔵庫で一晩おいて味を
なじませる。

ふわふわ卵のオクラトマトスープ

オクラのとろみがクセになるトマトスープ。ふわふわの
卵作りがポイントです。あたたかくしても冷やしても。

材料（4人分）

ホエー … 600ml	顆粒コンソメ … 大さじ1
トマト … 中2個	塩 … 少々
オクラ … 1パック（5本）	こしょう … 少々
卵 … M玉 1個	

1· トマトはヘタを取ってくし形切り、オクラはヘタ
とガクを取り5mm幅の輪切りにする。卵は箸でよ
く溶きほぐす。

2· 鍋にホエーとトマト、顆粒コンソメを入れて中火
にかける。沸騰したらオクラを入れ、軽く混ぜあ
わせる。

3· 再度沸騰してきたら卵を回し入れる。卵がふわ
ふわと固まってきたら箸でゆっくり大きく混ぜて
火を止める。

4· 塩とこしょうで味をととのえる。

ホエードリンク

はちみつとレモン汁を加えて混ぜるだけ。ホエーの栄養を余すところなく
たっぷりいただけます。しっかり冷やすとおいしいです。

材料（1人分）

ホエー … 150ml	**1·** 氷以外の材料をすべてあわせ
はちみつ … 大さじ1	てよく混ぜる。
レモン汁 … 大さじ1	**2·** グラスに氷を入れて1を注ぎ、
氷 … 適量	好みでレモンを飾る。
レモン（くし形切り） … 適宜	

あれ？困った！ こんな時どうする

Q&A

牛乳ふわふわホイップ、しっかりホイップ共通

Q1.低脂肪などほかの牛乳でも作れますか？

A1.無添加の低脂肪牛乳で作ることも可能です。成分調整牛乳や添加物などが入っている加工乳ではうまく作れない場合があります。(P.6参照)

Q2.砂糖の代わりにほかの甘味料でも作れますか？

A2.羅漢果を原料にしたものなど天然の甘味料では作れます。はちみつもOKです。ただ、人工甘味料はさまざまな成分が入っていて、泡立ちを邪魔する可能性もあるので、うまくいかない場合もあるかもしれません。

Q3.泡立ててもやわらかいゼリー状になってしまい、かさが増えません。何が原因ですか？

A3.主な原因として2つ考えられます。
①室温が高く、牛乳液の温度が下がらない。
牛乳ホイップは、室温の空気を取り込ませながら泡立て、冷やすことによってその形をゼラチンの力で保持します。夏場など室温の高い時は、牛乳液の温度がしっかり下がっていくように、たっぷりの氷水で冷やしながら泡立ててください。
②泡立てる前に牛乳液を冷やし固めてしまった。
泡立てる前に牛乳液が固まってしまうと、うまく空気を含めず泡立ちづらくなってしまうことがあります。もし、固まってしまった場合は、一度鍋に戻して牛乳液を少しあたため直し、ふわふわ／しっかりホイップともに手順4 (P.12／P.33参照) からやり直してみてください。ふわふわホイップの場合はとろみがつきはじめた時点、しっかりホイップの場合は常温になった時点が泡立てはじめるタイミングです。

Q4.完成したホイップを放置していたら固まってしまいました。元に戻せますか？

A4.一度固まってしまったものは、再度混ぜても元通りにはなりません。作りたてを召し上がってください。

Q5.保存期間はどのくらいですか？また冷凍はできますか？

A5.クリームの状態では冷凍も含めて保存はできません。一度に使い切るか、余った分はムースやアイスなどにして召し上がってください。

Q6.加熱して料理などに生クリームの代わりに使えますか？

A6.ゼラチンで固めているクリームなので、加熱料理には使えません。

牛乳クリームチーズ

Q7.低脂肪などほかの牛乳でも作れますか？

A7.作れますが、脂肪分が少ないため、できあがるクリームチーズの量は減ってしまいます。

Q8.ハンドブレンダーを持っていないのですが、代用品はありますか？

A8.ミキサーやフードプロセッサーでもなめらかにすることはできます。

Q9.保存期間はどのくらいですか？また冷凍はできますか？

A9.2〜3日くらいを目安に使いきってください。冷凍はできません。

Chapter 4

牛乳
そのまま
スイーツ

おいしい牛乳をそのまま味わうような
簡単でおいしい新感覚スイーツをご紹介。

とろける
なめらかプリン

牛乳をたっぷりと使って、舌の上で
クリームのように溶けるなめらかなプリンに。
余熱で調理することで、理想の食感を実現します。

材料 （130mlのプリンカップ4個分）

牛乳 … 300ml
卵 … M玉 2個
砂糖 … 40g
[カラメル]
　砂糖 … 40g
　水 … 大さじ1
　熱湯 … 大さじ1
牛乳しっかりホイップ または
　牛乳ふわふわホイップ … 適量
タイムの葉 … 適宜

1· カラメルを作る。小鍋に砂糖と水を入れて中火にかける。鍋を揺すりながら熱し、濃いめの茶色になったら火を止め⒜、熱湯を入れてすぐにふたをする。（カラメルが飛び散ることがあるので火傷に注意）

2· プリンカップに等分に流し入れる。

3· 牛乳を600Wのレンジで1〜1分30秒ほど加熱してあたため、砂糖を加えてよく混ぜる。

4· ボウルに卵を割り入れて卵白のコシを切るようにしっかりと溶きほぐし、3を少しずつ加えて混ぜる。

5· ザルでこしてプリンカップにそっと流し入れ、ラップでふたをする。

6· 厚手の鍋にプリンカップの2/3以上がつかる量の湯（分量外）を沸騰させる。

7· 火を止めて、鍋の底にふきんを敷き、5を並べる⒝。

8· 鍋にふたをし、そのまま10分ほどおく。

9· 再度弱火にかけ、湯がぐつぐつしはじめたら火を止めてふたをして10分ほどおく。

10· 9をもう一度くり返す。

11· プリンを揺すり固まっていたら鍋から取り出す。固まっていないようなら9をくり返す。

12· 粗熱を取り、冷蔵庫で3〜4時間冷やす。

13· ラップをはずし、**ホイップ**をのせて、好みでタイムを飾る。

Memo

手順**7**でプリンカップを鍋に入れる
時、鍋の湯で火傷しないよう注意！

みかんの
ブランマンジェ

牛乳だけでも、コーンスターチを使うことで
濃厚でなめらかな食感に仕上がります。
好きなフルーツ缶詰でアレンジしてみてください。

材料 (200mlのカップ4個分)

牛乳 … 400ml
砂糖 … 25g
コーンスターチ … 12g
　粉ゼラチン … 5g
　水 … 大さじ1
アーモンドエッセンス … 数滴
みかん (缶詰) … 1缶 (425g)
ミントの葉 … 適宜
[ソース]
みかんの缶詰の汁 … 100ml
コーンスターチ … 小さじ1
レモン汁 … 小さじ1

1・ 粉ゼラチンを水にふり入れ、10分以上ふやかす。

2・ 鍋に牛乳と砂糖、コーンスターチを入れてよく混ぜる。中火にかけて混ぜながらあたためる。

3・ 2に1を加え、混ぜながら溶かす。溶けたら火からおろし、アーモンドエッセンスを加えて混ぜる。

4・ カップに入れて冷蔵庫で3〜4時間冷やし固める。

5・ ソースを作る。鍋にみかんの缶詰の汁とコーンスターチ、レモン汁を入れてよく混ぜ、中火にかけて混ぜながらあたためる。とろみがついたら火からおろし、粗熱が取れたら冷蔵庫で1時間ほど冷やす。

6・ みかんをのせ、上からソースをかける。好みでミントの葉を飾る。

チョコバナナプリン

ゼラチンや卵は使わず、バナナに含まれるペクチンで牛乳を固めます。ムースのような口当たりが新鮮な、素材の豊かな甘味をいかしたプリンです。

材料（200mlのカップ2個分）

熟したバナナ … 2本（約240ｇ）
牛乳 … 加熱後のバナナ果肉と同量
ココア … 大さじ1/2
牛乳しっかりホイップ または
　　牛乳ふわふわホイップ … 適量
バナナ … 適宜
チョコレート … 適宜
ミントの葉 … 適宜

1· バナナは上下のヘタを切り落として皮つきのまま耐熱容器に並べ、ふんわりとラップをかけて ⓐ バナナがトロっとなるまで600Wのレンジで3〜4分ほど加熱する。

2· 粗熱が取れたら、あたたかいうちに中身をスプーンでかき出し、重さを量る。

3· 2と同量の牛乳を準備する。

4· ミキサーに2と牛乳、ココアを入れ、なめらかになるまで攪拌する。

5· カップに入れ、冷蔵庫で3〜4時間冷やし固める。

6· カップから器に出して**ホイップ**をのせ、好みでスライスしたバナナ、削ったチョコレート、ミントの葉を飾る。

a

Memo

バナナを加熱しすぎると破裂することがあるので注意！ 粗熱が取れるまでラップは取らないでください。

ペクチンはバナナの皮の内側に多く含まれているので、繊維質もしっかりとかき出してください。

勝手に2層の
ミルクプリン
[黒ごま／あずき]

あら不思議！ 混ぜて冷やすだけで自然と2層になるんです。
手間いらずなのにおいしくてかわいい、ほめられスイーツです。

[黒ごま]

材料（200mlのカップ2個分または100mlのカップ4個分）

牛乳 … 300ml
はちみつ … 50g
ねりごま（黒） … 30g
粉ゼラチン … 6g
水 … 大さじ1と1/2

1・ 粉ゼラチンを水にふり入れ、10分以上ふやかす。

2・ 鍋に牛乳とねりごま、はちみつ、**1**を入れて中火にかける。

3・ ゼラチンが溶けるまで混ぜながらあたためる。

4・ カップに入れて2層に分離するまで常温で20～30分ほどおく。
上下2層に分かれたら冷蔵庫に入れ、3～4時間冷やし固める。

5・ 皿をかぶせてひっくり返し、上下に揺すってカップから出す。

Memo

カップからはずれにくい場合はあたためたタオルでカップを包んでからはずしてください。

[あずき]

材料（200mlのカップ2個分または100mlのカップ4個分）

牛乳 … 300ml
ゆであずき（加糖） … 120g
粉ゼラチン … 6g
水 … 大さじ1と1/2
ゆであずき（加糖・飾り用） … 適宜

・ 黒ごまプリンの作り方**1**,**3**～**5**と同じ。手順**2**で、鍋に牛乳とゆであずき、**1**を入れて中火にかける。最後に好みでゆであずきを飾る。

Memo

ゆであずきは水分を多く含む缶詰やパウチのものを使用してください。ゆであずきの甘さを利用するので砂糖などは入れなくてOK。

牛乳ソフトクリーム

少し手間はかかりますが、アイスクリームメーカーが
なくてもおうちでソフトクリームが作れます。
すっきりとした甘さと後味が人気です。

材料（コーンカップ 3個分）

牛乳 … 300ml
コンデンスミルク … 40g
砂糖 … 15g
　粉ゼラチン … 5g
　水 … 大さじ1
バニラエッセンス … 少々
コーンカップ … 3個

1・ 粉ゼラチンを水にふり入れ、10分以上ふやかす。

2・ 鍋に牛乳の1/3量と**1**、砂糖を入れ、弱火にかけて混ぜながらあたためる。

3・ ゼラチンが溶けたら火からおろし、残りの牛乳とコンデンスミルク、バニラエッセンスを加えて混ぜる。

4・ **3**を大きめのボウルに移して粗熱を取り、冷凍庫に入れて5〜6時間冷やす。

5・ 箸で力を入れて刺せるくらいのかたさになったら、ハンドミキサーの【低速】で撹拌する ⓐ。

6・ 細かいそぼろ状になったら ⓑ、ゴムべらに替え、ボウルの側面に押しつけるようにしてなめらかにする ⓒ。

7・ 再度ハンドミキサーに替えて【中速】で撹拌し、粘りのあるクリーム状になったら絞り袋に入れ、コーンカップに絞る ⓓ。

a

c

b

d

Memo

手順**5**で冷えてかたくなり過ぎた場合は、冷蔵庫に移して少し温度を上げ、かたさを調整してください。

自家製コンデンスミルク

手作りならではの素朴なおいしさは一度知ったら
やみつきになるはず。少量だけ欲しいときにも
さっと作れるので便利です。

材料（できあがり80〜100g）

牛乳 … 300ml
砂糖 … 60g

1・ 口の広い鍋に牛乳を入れて、中火にかける。

2・ 吹きこぼれないように注意し、沸騰した状態を5〜6分たもつ。

3・ 砂糖を加えてへらで混ぜながらさらに加熱する。

4・ 鍋底が見えるくらいまで煮詰まったら、火からおろしザルでこす。

5・ 保存容器に入れ、粗熱が取れたら冷蔵庫で冷やす。

Memo

冷蔵庫で2〜3週間、冷凍で2〜3か
月保存可能です。

こちらで煮詰め具合の
参考動画が見られます。

ミルクキャラメルクリーム

生クリームもバターも使っていないのに、
しっかりコクのあるほろ苦いキャラメルクリームです。

材料（できあがり約100g）

砂糖 … 100g
牛乳 … 60ml
水 … 小さじ1

1. 小鍋に砂糖と水を入れて弱めの中火にかける。

2. 鍋を揺すりながら全体に色をつけ、キャラメル色になったら弱火にする。

3. 600Wのレンジで40秒ほどあたためた牛乳を少しずつ加え、そのつど小さい泡立て器で手早く混ぜる。全量を混ぜあわせたら火からおろす。

4. ハンドブレンダーで攪拌し、なめらかなクリーム状にする。

5. 保存容器に入れ、粗熱が取れたら冷蔵庫で冷やす。

Memo

冷蔵庫で1か月程度、冷凍で2〜3か月保存可能。

牛乳を加える時、キャラメルが飛び散ることがあるので火傷に注意してください。

---- PROFILE ----

小松友子
こまつゆうこ

牛乳レシピ研究家／サステナ料理研究家

慶應義塾大学商学部卒。一般企業勤務を経て、誰でも気軽に実践できるサステナブル料理を中心とした料理教室「手作りキッチン工房Bonheur (ボヌール)」を主宰。人気を博し、予約が取れない料理教室として多くの取材を受ける。ノーリツ毎日グリル部オフィシャルメンバーや料理王国オフィシャル料理家をはじめとする企業などのアンバサダーも数多く務め、大手スーパー、食品メーカーなどへのレシピ提供やテレビ番組への出演も多数。2020年からはYoutubeチャンネル「料理教室のBonちゃん」も運営。2023年11月末現在チャンネル登録者数18万人。「Bonちゃん先生」として多くの人から親しまれている。

Instagram @bonheurpan

「手作りキッチン工房Bonheur」
https://bonheurpan.wixsite.com/mysite

Bonちゃん先生
ぼんちゃんせんせい

Youtubeチャンネル
「料理教室のBonちゃん」
@bon6967

牛乳さえあれば
ふわふわホイップもクリームチーズも。かんたんおいしいスイーツ55

撮影 ● 佐藤 朗 (felica spico)
撮影アシスタント ● 佐藤香代子
スタイリング ● 綱渕礼子
調理アシスタント ● 大島正江
器協力 ● UTUWA
デザイン ● 千葉佳子 (kasi)
イラスト ● 小松芽愛 (加湿器)
校正 ● 坪井美穂
編集 ● 西村 薫

2023年12月20日 初版発行
2024年3月10日 第2刷発行

著　者　　小松友子 (Bonちゃん先生)

発行者　　山手章弘
発行所　　イカロス出版株式会社
　　　　　〒101-0051
　　　　　東京都千代田区神田神保町1-105
　　　　　電話　　03-6837-4661 (出版営業部)
　　　　　メール　book1@ikaros.co.jp (編集部)

印刷・製本所　図書印刷株式会社